BEI GRIN MACHT SICH II
WISSEN BEZAHLT

- Wir veröffentlichen Ihre Hausarbeit,
  Bachelor- und Masterarbeit

- Ihr eigenes eBook und Buch -
  weltweit in allen wichtigen Shops

- Verdienen Sie an jedem Verkauf

**Jetzt bei www.GRIN.com hochladen
und kostenlos publizieren**

Marcus Rothamel

Interaktion von Workflowmanagementsystemen intra-organisational

GRIN Verlag

Bibliografische Information der Deutschen Nationalbibliothek:

Die Deutsche Bibliothek verzeichnet diese Publikation in der Deutschen National-
bibliografie; detaillierte bibliografische Daten sind im Internet über http://dnb.d-
nb.de/ abrufbar.

Impressum:

Copyright © 2002 GRIN Verlag GmbH
Druck und Bindung: Books on Demand GmbH, Norderstedt Germany
ISBN: 978-3-638-64267-5

Dieses Buch bei GRIN:

http://www.grin.com/de/e-book/12960/interaktion-von-workflowmanagementsys-
temen-intraorganisational

GRIN - Your knowledge has value

Der GRIN Verlag publiziert seit 1998 wissenschaftliche Arbeiten von Studenten, Hochschullehrern und anderen Akademikern als eBook und gedrucktes Buch. Die Verlagswebsite www.grin.com ist die ideale Plattform zur Veröffentlichung von Hausarbeiten, Abschlussarbeiten, wissenschaftlichen Aufsätzen, Dissertationen und Fachbüchern.

Besuchen Sie uns im Internet:

http://www.grin.com/

http://www.facebook.com/grincom

http://www.twitter.com/grin_com

Friedrich-Schiller Universität Jena

Lehrstuhl für Wirtschaftsinformatik

Seminar Workflow-Management
Sommersemester 2002

Thema 11: Interaktion von Workflows: Intraorganisational

Name: **Marcus Rothamel**

Studiengang: Betriebswirtschaftslehre

Semester: 6. Fachsemester

Inhaltsverzeichnis

Abbildungsverzeichnis

Abkürzungsverzeichnis

ANSI	American National Standard Institute
API	Application Programming Interface
CASE	Common Application Service Elements
COM	Component Object Model
CORBA	Common Object Request Broker Architecture
DBMS	Datenbank-Management System
DCOM	Distributed Component Object Model
DSOM	Distributed System Object Model
DTD	Document Type Definition
EDI	Electronic Data Interchange
EDIFACT	Electronic Data Interchange for Administration, Commerce and Transport
e-Mail	electronic Mail
FDDI	Fiber Distributed Data Interface
FTP	File Transfer Protocol
HTML	Hypertext Markup Language
HTTP	Hypertext Transport Protocol
IDL	Interface Definition Language
IIOP	Internet Inter-ORB Protocol
IP	Internet Protocol
ISO	International Standardization Organisation
LAN	Local Area Network
MAN	Metropolitan Area Network
MIME	Multipurpose Internet Mail Extension
ODETTE	Organisation for Data Exchange by TeleTransmission in Europe
OMA	Object Management Architecture
OMG	Object Management Group
ORB	Object Request Broker
OSI	Open Systems Interconnection
PDL	Process Definition Language
RPC	Remote Procedure Call
SASE	Specific Application Service Elements
SGML	Standard Generalized Markup Language
SMTP	Simple Mail Transfer Protocol
SOAP	Simple Object Access Protocol
TCP	Transmission Control Protocol
UDP	User Datagram Protocol
VAN	Value Added Networks
WAPI	Workflow Application Programming Interface
WfM	Workflow-Management
WfMC	Workflow-Management Coalition
WfMS	Workflow-Management System(e) / (en) / (s)
WPDL	Workflow Process Definition Language
WAN	Wide Area Network
XML	eXtensible Markup Language
XPDL	XML Process Definition Language
XSL	eXtensible Style Language

1. Einführung

1.1. Motivation

Workflow-Management Systeme (WfMS) steuern, überwachen und koordinieren die automatisierte, rechnerunterstützte Ausführung von Arbeitsabläufen in einer verteilten Systemumgebung (vgl. Bauer/Reichert/Dadam 2001, 1). Erhöhte Produktivität, Nachweisbarkeit sowie Auskunftsbereitschaft über die Prozesse und Qualitätssicherung im Unternehmen sind einige der Versprechen, die mit dem Einsatz von WfMS einhergehen (vgl. Böhm/Schulze 1995, 2).

Durch die zunehmende Globalisierung und damit verbundene Dezentralisierung von Organisationen stellt die Unterstützung komplexer, unternehmensweiter Workflows eine besondere Herausforderung dar (vgl. Reichert/Bauer/Dadam 2000, 1). Häufig sind in die Ausführung eines Workflows mehrere verschiedene WfMS involviert oder während der Ausführung werden neue Workflows auf anderen Systemen angestoßen. Zur effizienten Unterstützung solcher Szenarien ist eine Interaktion zwischen den Workflows, oder allgemeiner, zwischen verschiedenen WfMS notwendig.

1.2. Aufbau der Arbeit

Diese Arbeit wird wichtige technische Grundlagen zur Realisierung einer Interaktion von Workflows zwischen heterogenen WfMS[1] einer Organisation analysieren.

Zu Beginn der Arbeit wird, ausgehend von den Anforderungen an eine Interaktion zwischen WfMS und der Frage nach dem Bedarf einer Standardisierung, die Workflow Management Coalition (WfMC) und deren Bemühungen um Interoperabilität zwischen WfMS dargestellt.

Der Hauptteil der Arbeit betrachtet die bei einer Interaktion heterogener WfMS auftretenden technischen Herausforderungen. Ausgehend von verschiedenen Architekturkonstellationen werden Standards der Kommunikation sowie des Datenaustausches näher beleuchtet.

Ein Fazit beschließt die Arbeit.

2. Grundlagen einer Interaktion

2.1. Anforderungen einer Interaktion zwischen WfMS

Um die Ausführung eines Workflows durch mehrere WfMS zu ermöglichen, sind bestimmte Voraussetzungen unumgänglich. Häufig laufen die involvierten WfMS auf

---

[1] In dieser Arbeit wird nicht explizit auf die Interaktion homogener WfMS eingegangen, da dies lediglich einen Spezialfall darstellen würde.

heterogenen Plattformen oder sind räumlich verteilt (vgl. Leymann/Roller 2000, 25). Trotz allem müssen sie gewissen Anforderungen genügen.

Eine systemübergreifende Workflow-Ausführung erfordert zum einen, dass den WfMS die Prozessdefinitionen vorliegen bzw. zugänglich sind, zum anderen, dass die zur Ausführung benötigten Daten zwischen den Systemen ausgetauscht werden können.

Eine Kommunikation zwischen den Systemen sowie die eindeutige Interpretation der Kommunikationsinhalte bilden also die Basis einer Interaktion zwischen WfMS. Die große Anzahl verschiedener WfMS zwischen denen eine solche Interaktion auftreten kann, wirft die Frage auf, inwieweit es einer Standardisierung der betroffenen Schnittstellen bedarf.

2.2. Notwendigkeit einer Standardisierung?

Durch die Einführung einheitlicher, akzeptierter Normen könnte eine systemübergreifende Interaktion heterogener WfMS ermöglicht werden (vgl. Buxmann 2001, Slide 19). Die Nutzung von Standards kann die Kommunikation und den Datenaustausch zwischen den Systemen vereinfachen sowie die damit verbundenen Kosten verringern (vgl. Buxmann 2001, Slide 103). Probleme einer Standardisierung bestehen jedoch vor allem in der langwierigen Ausarbeitung, sowie in Akzeptanz und Umsetzung der Standards, da zahlreiche Interessen berücksichtigt werden müssen. Durch diese verschiedenen Interessengruppen gelingt zudem häufig nur eine Einigung auf den kleinsten gemeinsamen Nenner.

Ein einheitlicher Standard kann die Interaktion zwischen WfMS trotz allem enorm vereinfachen. Die Normierungsbemühungen im Bereich Workflow-Management (WfM) werden fast ausschließlich von der WfMC vorangetrieben. Dabei arbeitet die WfMC zum Teil mit anderen Standardisierungsgremien, z.B. der Object Management Group (OMG)[2], zusammen.

2.3. Die Workflow Management Coalition

2.3.1. Das Workflow-Referenzmodell

Die WfMC ist ein Zusammenschluss aus WfM-Anbietern und -Interessengruppen, mit dem Ziel „standards for software terminilogy, interoperationality and connectivity between workflow products" (WfMC, 2002) in einem heterogenen Umfeld zu etablieren.

---

[2] Die OMG bemüht sich unter anderem um die Einbettung von Workflow-Funktionalität in die objektorientierte Architektur CORBA (vgl. 3.2.5.3.).

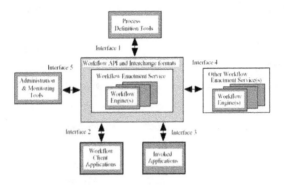

Abbildung 1: Workflow-Referenzmodell der WfMC (WfMC 1995, 20)

Im Rahmen dieser Arbeit entwickelte die WfMC ein Referenzmodell (vgl. Abbildung 1), das die Konzepte, Terminologie und allgemeinen Strukturen sowie Komponenten eines WfMS beschreibt (vgl. WfMC 1995, 3).

Dieses Meta-Modell definiert einen zentralen Workflow Enactment Service mit einer oder mehreren Workflow Engines sowie fünf Schnittstellen. Die Gesamtheit wird auch als Workflow Application Programming Interface (WAPI) bezeichnet (vgl. Wewers 1997, 24).

Schnittstelle eins verbindet den Enactment Service mit einem Process Definition Tool, Schnittstelle zwei mit den Client Applications. Die dritte Schnittstelle steuert den Aufruf sowie die Datenversorgung von Anwendungssystemen. Schnittstelle vier regelt die Interoperabilität mit externen Workflow Enactment Services, und Schnittstelle fünf beschreibt die Verbindung zu Administration und Monitoring Tools (vgl. WfMC 1995, 27-45; Wewers 1997, 24).

2.3.2. Interoperabilität von WfMS

Ein Schwerpunkt der Arbeit der WfMC liegt in der Etablierung von Standards, die Interoperabilität zwischen WfMS herstellen sollen. Die WfMC definiert Interoperabilität als „the ability of two or more workflow engines to communicate and interoperate in order to coordinate and execute workflow process instances across those engines" (WfMC 1999a, 58).

Interoperabilität wird dabei kategorisiert in (vgl. WfMC 1999b, 2-3):

- direkte Interaktion zwischen Workflow Engines

- Interaktion zwischen Workflow Engines eines Enactment Services

- Interaktion zwischen Workflow Engines verschiedener Enactment Services.

Die WfMC unterscheidet zusätzlich Interoperabilität zwischen homogenen und heterogenen Systemen. Interaktion zwischen homogenen Produkten spielt jedoch eine untergeordnete Rolle, da die Ausführungs- und Austauschmechanismen in diesem Fall auf herstellerspezifischen, privaten Vereinbarungen beruhen können und somit keiner weiteren Standardisierung bedürfen (vgl. WfMC 1995, 22).

Die von der WfMC entwickelten Standards versuchen vor allem die Interoperabilität zwischen heterogenen Workflow Engines zu ermöglichen, also auch eine Interaktion von Workflows über die Grenzen eines einzelnen WfMS hinweg. Eine entscheidende Rolle spielen dabei insbesondere die Schnittstellen eins und vier des Referenzmodells.

2.3.3. Interface 1 – Process Definition Interchange & Process Definition Tools

2.3.3.1. Prozessdefinitionen

Eine Prozessdefinition ist die Repräsentation eines Geschäftsprozesses in einer Form, in der automatische Manipulation, wie Modellierung oder Ausführung, durch ein WfMS ermöglicht wird (vgl. WfMC 1999a, 11). Bestandteile einer Prozessdefinition sind Aktivitäten eines Workflows und deren Beziehung zueinander. Zusätzlich sind Kriterien über Start und Terminierung von Prozessen sowie konkrete Informationen über die einzelnen Aktivitäten enthalten, beispielsweise beteiligte Personen und Applikationen oder Worklfow-relevante Daten (vgl. WfMC 1999a, 11).

Weiterhin sind in einer Prozessdefinition Zugriffspfade und Datentypen von Applikationen sowie Übergangsbedingungen und Flussregeln spezifiziert, eine Prozessdefinition übernimmt dadurch auch Routing-Funktionen.

Prozessdefinition können zusätzlich Referenzen auf einen separat definierten Sub-Prozess oder zu externen Organisationsmodellen[3] enthalten. Externe Organisationsmodelle sind insbesondere dann hilfreich, wenn Personen im Rahmen der Workflow-Ausführung von mehreren Systemen angesprochen werden, da alle WfMS für die Staff Resolution auf dieses eine Modell zurückgreifen können.

Um einen Geschäftsprozess der realen Welt in eine, durch WfMS interpretierbare Prozessdefinition umzuwandeln, bedient man sich eines Process Definiton Tools. Die

---

[3] Organisationsmodelle enthalten die Entities einer Organisation und deren Beziehungen zueinander. Zusätzlich sind häufig noch Informationen über Rollen, Fähigkeiten, etc. enthalten. Organisationsmodelle werden häufig in externen Datenbanken oder Verzeichnissen realisiert, auf die WfMS für die Staff Resolution zugreifen (vgl. WfMC 1999a, 54-55).

Repräsentation des Geschäftsprozesses kann sowohl grafisch (z.B. Petri-Netze), als auch durch eine Definitionssprache (z.B. WPDL) erfolgen. Dieses Process Definition Tool kann Teil des WfMS oder eine stand-alone Applikation sein (vgl. WfMC 1998, 7-8). Falls es nicht Teil des WfMS ist, muss ein kompatibles, Austauschformat zum Workflow Enactment Service existieren.

Interface eins ermöglicht den Import bzw. Export von Prozessdefinitionen zwischen dem Process Definition Tool und dem Workflow Enactment Service. Dadurch wird eine Unhabhängigkeit zwischen Modellierung und Ausführung von Prozessen erreicht, auch über die Grenzen eines WfMS hinweg (vgl. Kaya 2001, 25).

2.3.3.2. Standardisierung von Interface 1

Die Standardisierung von Interface eins durch die WfMC ist bereits sehr ausgereift. Neben einem Meta-Modell, das die Kernobjekte der Prozessdefinition, deren Attribute und Beziehungen beschreibt, sind auch die dazugehörige Grammatik, in Form der Workflow Process Definition Language (WPDL), sowie API's zur Manipulation der Prozessdefinitionsdaten definiert (siehe WfMC 1998, vgl. Kaya 2001, 25). Zusätzlich existiert bereits ein Entwurf zum Austausch von Prozessdefinitionen auf Basis von eXtensible Markup Language – XPDL.

Die Nutzung einer standardisierten Schnittstelle eins kann den erforderlichen Austausch von Prozessdefinitionen zwischen interagierenden WfMS vereinfachen bzw. überhaupt erst ermöglichen. Denkbar sind sowohl der Transport von Prozessdefinitionen zwischen den Systemen oder Speicherung in allgemein zugänglichen Repositories als auch die der Zugriff über allgemeingültige API's (vgl. Kaya 2001, 25).

Der WfMC Standard für Interface eins liefert jedoch lediglich einen Minimalansatz zum Austausch von Prozessdefinitionen. Das vorgeschlagene Meta-Modell sollte dynamisch weiterentwickelt und in Bezug auf die bereitgestellte Funktionalität vergrößert werden.

Eine entscheidende Rolle in der künftigen Entwicklung könnte der XPDL-Entwurf spielen, da sich XML bereits heute weitestgehend etablieren konnte und insbesondere für einen standortübergreifenden Austausch geeignet scheint.

Problematisch ist jedoch, dass Aspekte der Aufbau- und Ablauforganisation bisher ungenügend berücksichtigt werden[4] (vgl. Böhm/Schulze 1995, 16). Hier sind weitere Standardisierungsbemühungen erforderlich.

---

[4] Insbesondere die Integration von häufig vorhandenen externen Organisationsdatenbanken und das damit verbundene Problem der Staff-Resolution sollten genauer spezifiziert werden. Eine Möglichkeit

2.3.4. Interface 4 - Interoperability

2.3.4.1. Einführung

Interface vier des Referenzmodells beschreibt explizit die Interoperabilität zwischen WfMS in Form interagierender Workflow Enactment Services.

Eine Standardisierung dieser Schnittstelle ermöglicht den Unternehmen zum einen den Einsatz von WfMS unterschiedlicher Hersteller innerhalb der Organisation, zum anderen die Ausführung standortübergreifender Workflows durch mehrere, heterogene WfMS.

Durch eine Standardisierung wird das Ziel verfolgt, Sub-Workflows anderer WfMS starten, überwachen bzw. beenden zu können (vgl. Vossen 2001, Slide 569).

Die Bemühungen der WfMC haben bisher unter anderem eine abstrakte Spezifikation dieser Schnittstelle, eine MIME-Bindung bei der Nutzung von Internet e-Mail sowie eine XML-Spezifikation zur Umsetzung gewisser Interaktionsmodelle (vgl. 2.3.4.2) hervorgebracht.

In der abstrakten Spezifikation klassifiziert die WfMC Interoperabilität zwischen Software Systemen folgendermaßen (vgl. WfMC 1999b, 3-4):

- „direct interaction" durch eine Menge standardisierter API's
- „message passing" unter Nutzung von Nachrichten und Containern
- „bridging", als Einsatz eines Übersetzungsmechanismus zwischen den Formaten
- „use of a shared data store", z.B. über allgemein zugängliche Repositories.

Zusätzlich werden verschiedene Modelle der Interaktion sowie acht Stufen von Interoperabilität zwischen WfMS definiert.

2.3.4.2. Modelle der Interaktion

Die WfMC beschreibt vier grundlegende Szenarien einer Interaktion von Workflows.

Während bei den elementaren Modellen lediglich einzelne Prozesse zwischen den verschiedenen Systemen übertragen werden, ist bei einer engen Zusammenarbeit der Enactment Services die gemeinsame Nutzung der Prozessdefinitionen und Workflow-Kontrolldaten notwendig (vgl. Drawehn 1998, 35).

Szenario eins beschreibt einen verketteten Workflow, chained process, bei dem ein Verbindungspunkt eines Prozesses mit einem Punkt eines anderen Prozesses ver-

---

könnte hier der Zugriff über einen normierter Directory Dienst, z.B. eine Erweiterung von X.500, sein (vgl. Böhm/Schulze 1995, 16).

knüpft wird. Unterstützt wird lediglich der Transfer eines einzelnen Arbeitsschrittes zwischen den WfMS. Nach dem Start besteht für den aufrufenden Prozess kein weitergehendes Interesse an dem neu gestarteten Sub-Prozess. Es findet keine Synchronisation statt (vgl. WfMC 1995, 38).

Das zweite Modell sieht eingebettete Teilprozesse vor. Es wird als hierarchisches Modell oder nested sub-process model bezeichnet. Hier wird ein Sub-Prozess vollständig in einem Verbindungspunkt des Hauptprozesses eingekapselt. Im Unterschied zum ersten Szenario tritt sowohl der Start- als auch der Endpunkt des Sub-Prozesses mit dem Verbindungspunkt des Haupt-Prozesses in Beziehung (vgl. WfMC 1995, 38-39).

Im dritten Modell connected indiscrete, einer Peer-to-Peer-Umgebung, müssen die beteiligten WfMS in der Lage sein, die entsprechenden Prozessdefinitionen lesen zu können und allgemeine API's einzusetzen, da hier die Zuständigkeiten für die Prozesse völlig gemischt sind. Zusätzlich ist der Austausch von Workflow-relevanten und Applikationsdaten erforderlich (vgl. WfMC 1995, 39-40).

Im letzten Szenario wird parallel synchronisiert. Das heißt, die Prozesse werden bis zu genau festgelegten Synchronisationspunkten unabhängig voneinander abgearbeitet. Zur Umsetzung dieses Modells ist ein „event coordination and tracking mechanism" (WfMC 1995, 41) notwendig, der es den ausführenden Workflow Engines ermöglicht, Tasks beider Prozess Definitionen zu erkennen (vgl. WfMC 1995, 40-41).

2.3.4.3. Stufen von Interoperabilität

Eine vollständige und schnelle Umsetzung eines standardisierten Interfaces vier ist aufgrund der zahlreichen heterogenen WfMS nur schwer möglich. Die WfMC definiert deshalb acht aufeinander aufbauende Stufen von Interoperabilität (vgl. WfMC 1999b, 4-7):

- Level 1 - No interoperability: Zwischen den Systemen ist keine Kommunikation möglich, es findet keine Interoperabilität statt;

- Level 2 - Coexistence: Fähigkeit von WfMS mit anderen WfMS auf der selben Hardware-, Software- und Netzwerkbasis laufen zu können, eine direkte Interaktion findet auch hier nicht statt;

- Level 3 - Unique Gateways[5]: Ermöglichen bestimmten WfMS Informationen und Daten auszutauschen, zusätzlich werden Routing-Funktionen übernommen;

---

[5] „Unter einem Gateway versteht man die Hard- und Software, um verschiedene Netze miteinander zu verbinden oder an andere Netze durch Protokollumsetzung anzuschließen" (Networkworld, Stichwort: Gateway).

- Level 3A - Common Gateway API: Austausch erfolgt über standardisierte Gateways;
- Level 4 - Limited Common API Subset: Direkte Interaktion über eine standardisierte Schnittstelle mit beschränkter Funktionalität;
- Level 5 - Complete Workflow API: Nutzung einer standardisierten Schnittstelle, die einen Zugriff auf die volle Funktionalität der WfMS ermöglicht;
- Level 6 - Shared Definition Formats: Nutzung eines einheitliches Prozessdefinitionsformates, das Routing-Entscheidungen, Benutzerzugriffsrechte und Workflow-Systemressourcen definiert;
- Level 7 - Protocol Compatibility: Standardisierung aller API's einschließlich der Übertragung von Prozessdefinitionen, Transaktionen und Recovery-Mechanismen;
- Level 8 - Common Look and Feel Utilities: Einsetzen einer einheitlichen Benutzerschnittstelle für mehrere Systeme.

Inwieweit die Realisierung, insbesondere der höheren Level, aus praktischer Sicht überhaupt erreichbar ist, bleibt aufgrund der Anzahl verbreiteter WfMS mit jeweils produktspezifischen Funktionen sowie der stetigen technischen Weiterentwicklung der Produkte äußerst fraglich.

2.3.5. Würdigung und Ausblick

Die WfMC kann als ein wichtiges Gremium zur Förderung von Workflow-Interessen und zur Gestaltung einer einheitlichen Terminologie angesehen werden (vgl. Vossen 2001, Slide 571). Eine vollständige Spezifikation der Schnittstellen konnte bisher, insbesondere aufgrund unterschiedlicher Herstellerinteressen, allerdings noch nicht gelingen. Außerdem lässt sich feststellen, dass die Standards größtenteils nur sehr grob und abstrakt sind. Den Herstellern von WfMS bleiben bei der Umsetzung weitgehende Freiheiten (vgl. Wewers 1997, 24). Die Standards der WfMC schaffen lediglich ein Grundgerüst für eine Interoperabilität von WfMS. Eine detailliertere Ausarbeitung, eventuell in Verbindung mit anderen Standardisierungsgremien (z.B. der OMG), könnte die Interoperabilität heterogener WfMS zwar enorm vereinfachen, ist jedoch nur schwer umsetzbar.

2.4. Zwischenergbnisse

Für eine Interaktion von WfMS sind standardisierte Kommunikations- und Austauschmechanismen zwischen den Systemen notwendig. Dies wurde auch von den

WfM-Anbietern erkannt, die sich, als Mitglieder der WfMC, an der Ausarbeitung dieser Standards beteiligen.

Eine Anwendung der Standards ist bisher jedoch nur mangelhaft vollzogen worden. Die Interoperabilitätsschnittstelle beispielsweise wird bisher nur in einzelnen prototypischen Anwendungen umgesetzt (vgl. Vossen 2001, Slide 569). Einen Aufschwung könnten die Standardisierungsbemühungen jedoch durch die Stützung auf etablierte, offene Internet-Technologien und Standards (z.B. XML) erleben.

Welche technischen Aspekte für eine Interaktion zu berücksichtigen sind, wird im folgenden betrachtet.

3. Technische Aspekte einer Interaktion

3.1. Einführung

Durch die Standardisierung der Schnittstellen zwischen WfMS wird die Interaktion zwischen den Systemen enorm vereinfacht. Dies wurde zwar erkannt, konnte jedoch bisher noch nicht vollständig umgesetzt werden. Dieser Teil der Arbeit wird untersuchen, welche existierenden Technologien sich dennoch für eine Interaktion eignen. Ausgehend von möglichen Architekturkonstellationen werden insbesondere Standards der Kommunikation und des Datenaustausches, als zentrale Grundlage einer Interaktion beleuchtet. Im Mittelpunkt stehen dabei die offenen Standards des Internets, die aufgrund ihrer Akzeptanz und Verbreitung besonders geeignet erscheinen.

3.2. Architektur von WfMS

3.2.1. Einführung

Die zugrunde liegende Architektur eines WfMS ist auch der Ausgangspunkt für eine Interaktion zwischen den Systemen. Insbesondere die Frage der räumlichen Verteilung der Systeme und die genutzte Kommunikationsinfrastruktur bedürfen besonderer Betrachtung. In dieser Arbeit soll eine Klassifikation in lokale Interaktion, zwischen Workflow Engines innerhalb eines Enactment Services, und standortübergreifender Interaktion, zwischen mehreren Enactment Services bzw. WfMS, erfolgen. Ausgehend von allgemeinen Anforderungen an die Architektur eines WfMS wird deren Realisierbarkeit bei lokaler bzw. standortübergreifender Interaktion untersucht. Die Eignung verschiedener Software-Modelle wird anschließend analysiert.

3.2.2. Anforderungen an die Architektur von WfMS

Eine Grundanforderung zur Realisierung einer Interaktionen ist, dass WfMS und dessen Komponenten offen sind. Ein System wird als offen bezeichnet, wenn frei dokumentierte Schnittstellen der Systemkomponenten verfügbar sind. Schnittstellendefinitionen ermöglichen die Integration des Systems in die vorhandene Hard- und Softwareumgebung sowie die Erweiterbarkeit um neue Komponenten (vgl. Drawehn 1998, 23). Offenheit gestattet heterogenen Systemen zu interagieren. Im Bereich des WfM versucht die WfMC, durch ihre Schnittstellenstandardisierung Offenheit zu erreichen.

Weitere wichtige Anforderungen sind Verfügbarkeit und Skalierbarkeit eines WfMS (vgl. Leymann/Roller 2000, 351). Ein System ist verfügbar, wenn es läuft und korrekte Ergebnisse produziert (vgl. Leymann/Roller 2000, 351-352). Skalierbarkeit ist die Fähigkeit von WfMS mit einer steigenden Systemauslastung fertig zu werden, ohne dass sich die Performance signifikant verschlechtert (Leymann/Roller 2000, 363). Skalierbarkeit sollte sowohl für das WfMS als auch für das zugrunde liegende Kommunikationssystem angestrebt werden.

Inwieweit die Anforderungen nach Verfügbarkeit und Skalierbarkeit erfüllbar sind, hängt im wesentlichen von der Verteilung des Systems und dessen Komponenten ab.

3.2.3. Lokale Interaktion zwischen Workflow Engines

3.2.3.1. Einführung

Eine mögliche Interaktions-Variante könnte der Einsatz mehrerer lokaler Workflow Engines innerhalb eines WfMS sein. Die Nutzung interagierender Workflow Engines erscheint insofern sinnvoll, da die zu bewältigende Last bei Ausführung unternehmensweiter, komplexer Workflows sehr groß werden kann (vgl. Bauer/Dadam 1998, 1-2).

In den Fällen einer lokalen Interaktion von Workflows wird häufig auf die Nutzung eines LAN zurückgegriffen. Diese Kommunikationsinfrastruktur ist im Vergleich zu WAN durch relativ hohe Übertragungsraten charakterisiert. Probleme der Verfügbarkeit und Skalierbarkeit des Kommunikationsnetzes sind deshalb in einer solchen Architektur von nachrangiger Bedeutung. Zentrale Frage ist die räumliche und logisch sinnvolle Strukturierung der Komponenten eines WfMS (vgl. Kiefer 2001, 9). WfMS innerhalb einer Organisation folgen meist dem Client-Server Prinzip (vgl.

Böhm/Schulze 1995, 11)[6]. Zentraler Bestandteil in einer solchen Architektur ist der Workflow Server mit einer oder mehreren Workflow Engines.

3.2.3.2. Aufbau einer Workflow Engine

Eine Workflow Engine besteht aus Kernel und Shell. Während der Shell die Server zur Realisierung des Workflows enthält, besteht der Kernel lediglich aus dem Dispatcher, der die Server des Shell koordiniert, aufruft und mit den notwendigen Parametern versorgt. Die funktionalen Aspekte eines Workflows sind ebenfalls Aufgabe des Kernel (vgl. Wierzcholski 1998).

Der Ablauf des Workflows wird durch den Dispatcher bestimmt. Er identifiziert über den Control-Server den nächsten auszuführenden Sub-Workflow, über den Policy-Server wird die Staff Resolution vorgenommen, mit Hilfe von Notification- und Synchronisation-Server werden die betroffenen Agenten informiert und bekommen vom Data-Server die benötigten Daten bereitgestellt. Zusätzliche Dienste werden von History-, Causality- und Transaction-Server erbracht (vgl. Wierzcholski 1998).

Nach außen ist die Workflow-Engine sowohl mit den Arbeitsbereichen der Nutzer, den Administration und Monitoring Tools als auch mit externen Applikationen verbunden. Die Verbindung zur Buildtime wird in aller Regel über Repositories oder Datenbanken realisiert.

Um den Einsatz mehrerer Workflow Engines zu ermöglichen, ist zusätzlich noch ein Communication-Server notwendig. Hierfür kommen beispielsweise Messaging-Systeme, ORB's oder ähnliche Middleware[7] in Betracht (vgl. Gillmann et al. 2000, S. 3).

Zentrales Problem bei lokalen Interaktionen im Bereich der Architektur ist, wie die Systemkomponenten, insbesondere die Workflow Engines, im Unternehmen verteilt sein sollten, um den Anforderungen nach Verfügbarkeit und Skalierbarkeit zu genügen (vgl. Bauer/Dadam 1998, 1-2).

3.2.3.3. Verteilung von Systemkomponenten

Zur Bewältigung der Last komplexer Workflows werden in der Literatur verschiedene Möglichkeiten für skalierbare und verfügbare WfMS vorgeschlagen, die auf unter-

---

[6] Bei einer Client-Server-Architektur handelt es sich „um eine Software-Architektur und das Ziel, Anwendungen so weit in Bausteine zu zergliedern, dass Client und Server selbstständig werden und, dass mehrfach verwendbare Funktionen (z.B. die Datenbankverwaltung, Verarbeitungs- und Kommunikationsfunktionen) nur einmal in Form des Servers realisiert werden müssen" (Networkworld Stichwort: Client-Server-Architektur).
[7] Middleware kann als eine Verteilungsplattform gesehen werden, welche die Kommunikation verteilter, heterogener Komponenten ermöglicht (vgl. Mülle 2001a, Slide 20).

schiedlichen Verteilungen der Systemkomponenten beruhen (siehe z.B. Bauer/Dadam 1998). Neben Systemen mit einen zentralen Server, ist sowohl der Einsatz von Systemen mit mehreren Servern als auch von vollverteilten Architekturen denkbar.

Während Architekturen mit einem zentralen Workflow Server einfacher zu implementieren sind und auch das Problem der Überwachung der Workflows besser lösen als verteilte WfMS, haben sie häufig mit dem bottle-neck[8] Problem zu kämpfen (siehe Bauer/Dadam 2000). Die Leistungsfähigkeit eines solchen Systems ist im wesentlichen durch die Leistung des zentralen Servers bestimmt.

Verteilte Architekturen erhöhen die Ausfallsicherheit des Systems und verringern das bottle-neck Problem. Bei vollverteilten Architekturen wird auf Server verzichtet und die entsprechende Funktionalität auf den Clients realisiert, die über ein entsprechendes Kommunikationssystem verbunden sind (siehe Bauer/Dadam 2000). Probleme ergeben sich dabei durch die Verteilung von Informationen über das gesamte System. Auch die organisatorischen Aspekten der Staff Resolution sind in verteilten Architekturen schwieriger zu realisieren. Hier wäre eine verteilte Synchronisation notwendig (siehe Bauer/Dadam 1998).

In Systemen mit mehreren Server kann Verfügbarkeit und Skalierbarkeit insbesondere durch Replikation von Systemkomponenten und Verteilung auf mehrere Server bzw. Teilnetze gesteigert werden (vgl. Bauer/Dadam 1998, 3). Konkrete Möglichkeiten sind beispielsweise das Bilden von Hot Pools oder Clustering von Servern (siehe Leymann/Roller 2000).

3.2.3.4. Zwischenergebnisse

Bei einer Interaktion zwischen lokalen Workflow Engines ist im Bereich der Architektur die Verteilung der Komponenten, also z.B. der Workflow Engines, die zentrale Fragestellung, um skalierbare WfM-Architekturen zu erhalten. Die zugrunde liegende Kommunikationsinfrastruktur spielt aufgrund hoher Übertragungsraten und Verfügbarkeit des Netzes eine untergeordnete Rolle. Zur Realisierung der Interaktion ist zusätzlich noch eine Middleware-Komponente notwendig, welche die Kommunikation zwischen den Engines abwickelt.

---

[8] Ein Einflussfaktor für die Performance eines WfMS ist die Menge der Kommunikation zwischen Server und Client. Ab einer gewissen Schwelle kommt es bereits durch die Kommunikation zu einer Überlastung des Workflow Servers. (vgl. Bauer/Dadam 2000, 2)

Standortübergreifende Interaktion erfordert zusätzlich noch die Berücksichtigung der weiträumigen Verteilung der WfMS und die damit verbundene Nutzung eines WAN (vgl. Bauer/Dadam 1998, 2).

3.2.4. Standortübergreifende Interaktion zwischen Workflow Enactment Services

Falls die interagierenden WfMS räumlich verteilt sind, ist eine Interaktion zwischen den Enactment Services über ein LAN in der Regel nicht möglich. Die Nutzung eines MAN oder WAN ist erforderlich. MAN's und WAN's werden von privaten oder öffentlichen Netzbetreibern zur Verfügung gestellt und sind üblicherweise mit Kommunikationskosten verbunden. Das typische und am weitesten verbreitete WAN ist das Internet. Neben dem Problem der erheblich niedrigeren Übertragungsrate im Vergleich zu LAN's, ist bei der Nutzung öffentlicher Netze auch dem Problem der Datensicherheit besondere Bedeutung beizumessen[9].

Standortübergreifende Interaktion zwischen WfMS erfordert also zusätzlich noch die Berücksichtigung der Verfügbarkeit und Skalierbarkeit des zugrunde liegenden Kommunikationsnetzes. Ziel sollte es sein, die Belastung des Kommunikationsnetzes gering zu halten. Inwieweit sich verschiedene Software Architekturen für eine lokale bzw. standortübergreifende Interaktion eignen, wird im folgenden untersucht.

3.2.5. Software Architektur

3.2.5.1. Nachrichtenbasierte Architektur

Das charakteristischste Merkmal einer nachrichtenbasierten Software Architektur ist, dass die Prozessdefinition Teil der Nachricht ist (vgl. Mülle 2001b, S. 6). Ein standardisiertes Austauschformat für Prozessdefinitionen ist also eine grundlegende Voraussetzung. Dieses Modell eignet sich vor allem für verteilte Systeme ohne allgemein zugängliche Repositories.

Bei dem dezentralen Ansatz werden sowohl die benötigten Workflow-Kontrolldaten, Workflow-relevante Daten als auch benötigte Workflow-Applikationsdaten durch Migration übermittelt.

Das, auch als „store and foward model" bekannte, Architekturmodell ist technisch relativ einfach zu realisieren und eignet sich besonders für standortübergreifende Workflows. Aufgrund der dezentralen Informationsverteilung stellt die Fehler- und

---

[9] Sicherheitsrisiken in Form von unerwünschten Zugriff, Datenverlusten oder Manipulation der Daten sollen im folgenden jedoch keine weitere Berücksichtigung finden.

Ausnahmebehandlung ein technisches Problem dar, da nicht vollständig auf Transaktionsmechanismen[10] zurückgegriffen werden kann. Monitoring- und Tracking-Funktionen sowie dynamische Änderung von Prozessdefinitionen sind schwer umsetzbar. Ein Einsatz ist daher insbesondere bei einer Interaktion zwischen einfachen, schwach formalisierten Workflows denkbar (vgl. Danek 1996, 8).

3.2.5.2. Datenbankbasierte Architektur

Aufbauend auf einem DBMS sind bei dieser eher zentralisierten Architektur[11] die Prozessdefinition und benötigten Daten in einem für alle Instanzen zugänglichen Repository gespeichert (vgl. Mülle 2001b, 6).

Zwischen den einzelnen Aktivitäten werden lediglich Referenzen auf die benötigten Daten ausgetauscht. Der ortstransparente Zugriff auf die Daten verringert zwar die Belastung des WfMS – bei einer weiträumigen Verteilung kann aber die Belastung des Kommunikationssystems steigen, da Datenelemente nicht durch einmalige Migration, sondern bei jedem Aktivitätszugriff aus der Datenbank transportiert werden müssen (vgl. Bauer/Reichert/Dadam 2001, 22). Für standortübergreifende Interaktion ist dieser Ansatz somit nicht geeignet.

Dem erhöhten technischen Aufwand der Implementierung eines solchen Systems stehen, neben der besseren Skalierbarkeit, die Nutzung von Transaktionsmechanismen gegenüber. Dadurch wird sowohl eine größere Funktionalität bei der Vorgangsabwicklung als auch eine bessere Fehler- und Ausnahmebehandlung gewährleistet (vgl. Danek 1996, 8). Auch Monitoring- und Tracking-Funktionen sowie die Anpassung von Prozessdefinitionen während der Ausführung werden besser unterstützt als bei nachrichtenbasierten WfMS (vgl. Danek 1996, 8). Diese Variante ist insbesondere für stark vorstrukturierte und fehlerintolerante Workflows geeignet (vgl. Danek 1996, 8).

3.2.5.3. Objektorientierte Architektur

Einführung

Diese Architekturen entstammen der objektorientierten Programmierung und sollen den standardisierten Methodenaufruf in heterogenen Systemen ermöglichen (vgl.

---

[10] Der Einsatz von Transaktionsmechanismen im Workflow-Management wird beispielsweise in (Leymann/Roller 2000, 232-282) diskutiert.
[11] Zentralisiert bedeutet nicht, dass alle Daten in einer einzigen Datenbank gehalten werden, auch eine Verteilung oder Replikation über mehrere DBMS ist möglich.

Wewers 1997, 25). Ein typischer Vertreter ist CORBA, der objektorientierte Architekturstandard der OMG[12].

Common Object Request Broker Architecture

CORBA ist eine objektorientierte Client-Server Architektur, die über den ORB eine Middleware zur Kommunikation zwischen heterogenen, verteilten Systemkomponenten bereitstellt.

Den Mittelpunkt der CORBA Architektur bildet dieser ORB mit seinen Schnittstellen. Die Schnittstellen zu den Objekten werden in der standardisierten Sprache IDL definiert.

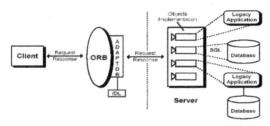

Abbildung 2: Funktionsweise der Client-Server Architektur in CORBA (Maurer 1997, 7)

Jede Client-Anfrage leitet der ORB an das korrekte Zielobjekt und stellt dessen Dienste zur Verfügung (vgl. Maurer 1997, 8). Die IDL Spezifikationen dienen als Adapter zu den von Client bzw. Server genutzten Programmiersprachen. Der physische Ort des Dienstes bleibt für den Client transparent.

Abbildung 3 zeigt den Aufbau einer ORB Umgebung. Object Services stellen allgemeine Funktionen (z.B. Transaction Services) bereit, Application Interfaces beziehen sich auf spezielle Anwendungen, Domain Interfaces „enthalten branchen- und betriebstypenspezifische Dienste" (Maurer 1997, 9) und Common Facilities bietet anwendungsnahe, häufig benötigte Dienste (z.B. auch WfM) an (vgl. Maurer 1997 8-9).

---

[12] Die OMG ist eine Interessengemeinschaft von Unternehmen, mit dem Ziel objektorientierte Techniken zu standardisieren und zu verbreiten (vgl. Maurer 1997,9). Ähnliche Ansätze werden auch beispielsweise durch Microsoft's COM/DCOM oder IBM's DSOM verfolgt.

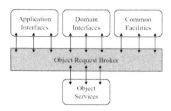

Abbildung 3: Die Referenzarchitektur der OMA (Drawehn 1998, 58)

CORBA ermöglicht eine orts- und plattformunabhängige, standardisierte Kommunikation zwischen verteilten Objekten (vgl. Maurer 1997, 7) und kann als Architektur Grundlage für die Interaktion von WfMS eingesetzt werden. Allerdings eignet sich eine CORBA auch nur bedingt für standortübergreifende Interaktionen[13]. Der Einsatz eines ORB ist insbesondere in lokalen Umgebungen sinnvoll.

Workflow-Management Facility

Die Workflow-Management Facility, als Komponente der Common Facilities einer CORBA Architektur, ist das Ergebnis der Bemühungen der OMG, einen Workflow-Dienst explizit in die OMA einzubetten, um Synergieeffekte zwischen Workflow-Management und CORBA Technologie zu nutzen (vgl. Vossen 2001, Slide 587). Die Objekte eines Workflows werden von der Workflow-Management Facility koordiniert. Die Integration externer Applikationen erfolgt über IDL, wodurch umgekehrt auch der Zugriff auf Workflow-Funktionalität durch alle CORBA Anwendungen ermöglicht wird (vgl. Vossen 2001, Slide 587).

Durch die Einbettung der Workflow-Management Facility in eine objektorientierte, standardisierte Hülle wird eine Architektur zur Verfügung gestellt, die eine Interaktion zwischen heterogenen WfMS ermöglichen kann.

3.2.5.4. Ausblick – Agentenbasierte Architektur

Neben dem Einsatz von verteilten Objekt-Technologien erfahren in letzter Zeit agentenbasierte Architekturen zur Steuerung von WfMS erhöhte Aufmerksamkeit. Agenten[14] sollen vor allem aufwendige Schnittstellenspezifikationen vermeiden und die Ausfallsicherheit des Systems erhöhen. Die durch ihre dezentrale Struktur ge-

---

[13] Es existiert zwar mit dem IIOP ein Protokoll für die Internet-basierte Kommunikation zwischen verteilten ORB's. Die Probleme der standortübergreifenden Interaktion werden jedoch auch nicht besser gelöst, als z.B. bei nachrichtenbasierten Architekturen.
[14] „Agent: Hier im Sinne eines Software-Agenten als abstraktes Objekt mit der Fähigkeit Schlußfolgerungen zu ziehen, sich in
seiner Umgebung flexibel zu verhalten und die ihm gestellten Aufgaben eigenständig zu bearbeiten."
(Matheja/Lichy 2000, 24)

prägten Agenten sind durch den Einsatz von Java-Technologie nahezu plattformunabhängig und sollen durch die Lastverteilung eines Workflows auf mehrere Agenten zu größerer Skalierbarkeit und Flexibilität von WfMS führen. Inwieweit sich diese Technologie durchsetzen wird, bleibt abzuwarten (siehe Storner/Knorr 2001). Theoretisch sind durch Agenten auch standortübergreifende Workflows gut zu realisieren.

3.2.6. Zwischenergebnisse

Festzuhalten bleibt, dass die zugrunde liegende Architektur eines WfMS die Basis für eine mögliche Interaktion bildet. Nur ein skalierbares WfMS kann die Ausführung komplexer, systemübergreifender Workflows ermöglichen. Eine Empfehlung über eine „optimale" Architektur lässt sich jedoch nicht geben, da dies maßgeblich von den Unternehmensgegebenheiten abhängt (z.B. Entfernung der Komponenten, Kommunikationsnetz). Für eine lokale Interaktion bieten objektorientierte, standardisierte Architekturen, wie CORBA, gute Ansätze. Für standortübergreifende Interaktion scheinen insbesondere nachrichtenbasierte Architekturen geeignet. Unabhängig von der eingesetzten Architektur oder der Reichweite der Verteilung ist zwischen interagierenden Systemen eine Kommunikation notwendig, die den Austausch von Nachrichten in irgendeiner Form ermöglichen muss.

3.3. Kommunikation zwischen Systemen

3.3.1. Einführung

Eine Interaktion von WfMS setzt eine Kommunikation zwischen den betroffenen Systemen voraus. Zur Realisierung einer solchen Verständigung zwischen heterogenen WfMS ist ein offenes Kommunikationssystem notwendig. Durch Normierung bzw. Standardisierung kann dies erreicht werden. Zur Standardisierung der Kommunikation bedient man sich eines Schichtenmodells, in dem die Kommunikationsaufgaben auf mehrere Schichten mit jeweils standardisierten Protokollen[15] verteilt werden. Das wohl bekannteste Schichtenmodell der Kommunikation ist das OSI Referenzmodell.

---

[15] Protokolle spezifizieren die Regeln der Kommunikation.

3.3.2. Schichtenmodelle der Kommunikation

3.3.2.1. OSI Referenzmodell

Durch das von der ISO entwickelte OSI Referenzmodell wird auf sieben aufeinander aufbauenden Schichten ein Bezugsrahmen für Protokolle und Dienste zur Kommunikation bereitgestellt (vgl. Wewers 1997, 25).

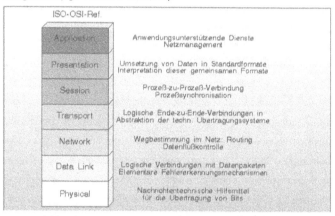

Abbildung 4: OSI Referenzmodell (Networkworld: OSI Referenzmodell)

In der OSI Architektur „erfolgt die Realisierung eines Protokolls zwischen zwei Kommunikationspartnern auf einer Schicht durch die Dienste der unmittelbar darrunterliegenden Schicht" (Reinwald 1995, 108). Die oberen drei Schichten des Modells sind eher anwendungsorientiert, die unteren Schichten transportorientiert (vgl. Reinwald 1995, 108).

Durch die Etablierung der Internet-Technologien rücken insbesondere die offenen Standards TCP/IP (Ebene drei und vier des Referenzmodells), FTP, SMTP und HTTP (Ebene sieben) in den Vordergrund (vgl. Wewers 1997, 25). Da diese Technologien sowohl für lokale als auch für standortübergreifende Interaktion zwischen WfMS nutzbar sind (z.B. innerhalb eines Intranets oder über das Internet), stehen sie im folgenden im Mittelpunkt.

3.3.2.2. Ausgewählte Schichten des Referenzmodells

Network- & Transport-Layer

Die Funktion des Network-Layer besteht in der Festlegung des Übertragungsweges der Nachrichten. Dazu gehören Auf- und Abbau sowie Überwachung von Netzverbindungen. Die Bereitstellung von Diensten für den Transport-Layer, beispielsweise

Netzadressen und Netzverbindungen, gehört ebenfalls zu den Aufgaben dieser Schicht (vgl. Paulus 2001, 17).

Der Transport-Layer stellt einen einheitlichen, netzunabhängigen Transportdienst bereit und ist für die eigentliche Datenübertragung zuständig (Paulus 2001, 17). Auf diesen Ebenen des Schichtenmodells haben sich jedoch nicht die Protokolle der OSI Familie etabliert, sondern die offenen Standards des Internets, speziell das TCP/IP-Protokoll.

Das IP-Protokoll ist auf der Netzwerkschicht des OSI Referenzmodells anzusiedeln. Hauptaufgabe ist das Routing von Daten-Paketen vom Quell- zum Zielrechner. Auf der Transportschicht sind zwei alternative Dienste, verbindungsorientiert und verbindungslos, möglich. In der Internet-Protokollfamilie stellt UDP den verbindungslosen, ungesicherten Transportdienst, TCP den verbindungsorientierten, gesicherten Transportdienst bereit (vgl. Paulus 2001, 21-22). Jedes Datenpaket wird durch TCP mit einer Sequenznummer versehen, was empfangsseitig die richtige Reihenfolge garantiert. Durch die Ende-zu-Ende Kontrolle wird eine einwandfreie Datenübermittlung sowie durch die Flusskontrolle und fortlaufende Nummerierung der Datenpakete eine vollständige Übertragung gewährleistet (vgl. Paulus 2001, 22). Da heute nahezu kein Anwendungssystem existiert, das nicht mit TCP/IP-Protokollen ausgestattet werden kann (vgl. Networkworld Stichwort: TCP/IP-Protokolle), sollte auf dieser Protokollfamilie auch die Kommunikation zwischen interagierenden WfMS aufbauen.

Application-Layer

Einführung

Der Application-Layer ermöglicht den koordinierten Informationsaustausch durch die Bereitstellung von Protokollen und Diensten für die Anwendungen (vgl. Reinwald 1995, 109). Dazu gehören zum einen allgemeine, anwendungsunabhängige Elemente (CASE) und zum anderen anwendungsspezifische Elemente (SASE) (vgl. Paulus 2001, 23).

Beispiele für offene Protokolle des Application-Layer sind HTTP, FTP, SMTP oder MIME. Die Mail Standards SMTP und MIME sowie HTTP und SOAP werden im folgenden kurz betrachtet.

Simple Mail Transport Protocol & Multipurpose Internet Mail Extension

SMTP standardisiert die asynchrone Übertragung von Nachrichten zwischen verschiedenen Systemen. Charakteristisch für SMTP ist, dass lediglich sieben-bit-ASCII-Zeichen übertragen werden können (vgl.Wewers 1997, 25). Die Übertragung von anderen Inhalten wird nicht spezifiziert. Diese Beschränkungen sind jedoch insbesondere für die Interaktion von WfMS gravierend, da unter Umständen neben den benötigten Daten auch ganze Prozessdefinitionen ausgetauscht werden müssen (vgl. z.B. 3.2.5.1). Durch die Spezifikation des MIME-Standards soll dieser Mangel behoben werden (vgl. Wewers 1997, 25).

Der zu SMTP kompatible Standard wandelt verschiedene Dokumententypen in sieben-bit-Darstellung um und spezifiziert durch sogenannte MIME-Typen den Inhalt für die Rückumwandlung (vgl. Wewers 1997, 25). Die festgelegten MIME-Typen lassen sich individuell erweitern und sind somit auch für die Anforderungen an den Nachrichtenaustausch zwischen WfMS geeignet.

Die WfMC hat in der Standardisierung von Interface vier eine Bindung an den MIME-Standard zum Austausch von Dokumenten und Workflow-Daten vorgeschlagen. Darin werden spezielle Definitionen zur Erreichung von Interoperabilität heterogener Systeme spezifieziert, die sich auf MIME stützen (siehe WfMC 2000).

Hypertext Transfer Protocol

Das synchrone HTTP ist ein einfaches, auf TCP/IP aufbauendes Transportprotokoll des Application-Layer zur Übertragung von Dokumenten und Nachrichten. HTTP ist ein asymmetrisches Request/Reply-Protokoll, das auf dem Client/Server Modell basiert (vgl. VSIS 2002). HTTP dient der Adressierung der Objekte mittels URL, es wickelt die Interaktion zwischen Server und Client ab und regelt die Anpassung der Formate (vgl. VSIS 2002).

Die Relevanz des HTTP-Protokolls für die Interaktion von WfMS wird beispielsweise in der XML-Spezifikation des Interfaces vier deutlich, die ausschließlich dieses Transportprotokoll unterstützt. Zusätzlich wurde von der WfMC noch ein HTTP-binding Proposal erlassen, mit dem Ziel, eine verlässliche und zweckmäßige Interaktion zwischen WfMS zu ermöglichen.

EXKURS: Simple Object Access Protocol

SOAP ist ein in der Regel auf HTTP[16] aufbauendes Protokoll, welches unter anderem von Microsoft und IBM definiert wurde. SOAP-Nachrichten bauen dabei auf der strukturbeschreibenden Sprache XML auf und können deren Vorteile nutzen (vgl. 3.4.3.). SOAP ermöglicht den Aufruf von Objekten in Verbindung mit einer Paramte-

---

[16] Auch die Nutzung von SOAP in Verbindung mit SMTP ist seit SOAP 1.1 möglich (vgl. DuCharme 2001).

rübergabe, sowohl lokal als auch entfernt (vgl. Microsoft 2002). SOAP ist also ein XML-basierter Remote Procedure Call (RPC) (vgl. auch 3.3.3.1).

Durch die Anwendungs- und Progammiersprachen-Unabhängigkeit kann SOAP die Kommunikation zwischen heterogenen WfMS unterstützen. Aufgrund der Nutzung von HTTP bzw. SMTP bietet SOAP für eine standortübergreifende Interaktion den entscheidenden Vorteil, dass im Vergleich zu beispielsweise objektorientierten Systeme keine Firewall-Spezifikationen notwendig sind, da SOAP den allgemein offenen Port 80 nutzen kann (vgl. Bon/Härder/Ritter 2001, 32). Für eine lokale Interaktion ist die Kommunikation über einen Object Request Broker jedoch vorzuziehen, da diese im Vergleich zu SOAP-Nachrichten Performance-Vorteile[17] bietet (vgl. Bon/Härder/Ritter, 2001, 32).

3.3.3. Arten der Kommunikation

3.3.3.1. Synchrone Kommunikation

Eine synchrone Kommunikation ist dadurch geprägt, dass beide Kommunikationspartner für die Dauer der Kommunikation verfügbar sind. Zwischen den Kommunikationspartnern besteht eine Verbindung während des gesamten Vorganges und ein Partner kann seine Prozessausführung solange nicht fortführen, bis der andere Partner eine Antwort auf die Anfrage geliefert hat (vgl. Leymann/Roller 2000, 317).

Eine typisches Beispiel einer synchronen Kommunikationsform ist der Remote Procedure Call (RPC). RPC's ermöglichen einen Programm- oder Prozessaufruf unabhängig von der tatsächlichen Speicherstelle. Der Aufruf kann sowohl lokal auf dem selben System als auch auf einem Remote-System erfolgen (vgl. Leymann/Roller 2000, 317). Die Kommunikation mit entfernten Systemen wird über Stubs realisiert. Beim RPC wird durch Prozeduraufrufe mit Parameterübergabe ein synchroner Kontrollfluss realisiert (vgl. Irmscher 2001, 2). Nach Abarbeitung der Prozedur wird das Ergebnis zurückgegeben. Um RPC's zu ermöglichen, ist eine Middleware-Komponente notwendig, in der die Schnittstellen zu den aufrufbaren Prozeduren über eine standardisierte IDL spezifiziert sind (vgl. Leymann/Roller 2000, 318). Im OSI Referenzmodell (vgl. 3.3.2.1.) ist der RPC auf dem Session-Layer anzusiedeln (vgl. Irmscher 2001, 3).

---

[17] Neben den langsameren Nachrichtenkommunikation von SOAP im Vergleich zur direkten Kommunikation, ist eine Übergabe von Referenzen in SOAP nicht möglich (vgl. Haber/Kamp 2001, 25), die Daten sind in die SOAP-Nachrichten eingebettet. SOAP eignet sich daher insbesondere für standortübergreifende Interaktion zwischen WfMS.

RPC's ermöglichen standardisierte Prozessaufrufe auf Systemen unterschiedlicher Hersteller und Architekturen. Der Transportmechanismus bleibt transparent (vgl. Irmscher 2001, 3). Zur Realisierung standortübergreifender Interaktionsformen scheint diese synchrone Kommunikationsform allerdings ungeeignet, da während der gesamten Prozessausführung beide WfMS verfügbar sein müssen, was neben den Kosten der Kommunikation vor allem bei die Nutzung von WAN's zu einem Problem werden kann. Hier könnten SOAP-Nachrichten, als XML-basierter RPC (vgl. 3.3.2.2.2.4), einen Alternative bieten. Besonders geeignet scheint eine synchrone Kommunikation für das nested-subprocess model der Interaktion (vgl. 2.3.4.2) zu sein, da in diesem Modell die Teilprozesse vollständig eingebettet sind.

3.3.3.2. Asynchrone Kommunikation

Bei asynchroner Kommunikation ist es nicht notwendig, dass beide Partner zur Zeit der Kommunikation verfügbar sind. Es können Anfragen gestellt bzw. Antworten zurückgegeben werden, ohne das eine Verbindung zwischen den Partnern besteht. Nach dem Senden der Anfrage bzw. Antwort kann im auszuführenden Prozess fortgefahren werden (vgl. Leymann/Roller 2000, 317). Ein typisches Beispiel für asynchrone Kommunikation ist der Einsatz von nachrichtenbasierten Kommunikationssystemen.

Der Grundgedanke dieser Systeme ist der Versand von Nachrichten an sogenannte Message Queues, nicht an spezielle Partner. Die Basis des Systems bildet eine nachrichten-orientierte Middleware, welche die Queues der Programme verwaltet und die Zustellung der Nachrichten garantiert (vgl. Leymann/Roller 2000, 319-323). Nach Zustellung und Abarbeitung der Anfrage wird erneut eine Nachricht generiert, und an den Anfrager mittels Queue zurückgesandt.

Ein Vorteil dieser Art der Kommunikation ist, dass nicht beide Anwendungen gleichzeitig verfügbar sein müssen. Dadurch wird auch das zugrunde liegende Kommunikationsnetz effektiver genutzt, da weniger Verbindungen benötigt werden. Eine asynchrone Kommunikation ist speziell bei Nutzung eines WAN für standortübergreifende Interaktion empfehlenswert. Der Sender kann mit der Prozessausführung fortfahren, sobald die Daten in den Queues der Empfänger abgeliefert wurden, was zu einer erheblichen Effizienzsteigerung führen kann (vgl. USU AG 2001).

Die Abarbeitung der Anfragen ist bei asynchroner Kommunikation je nach Auslastung von Anwendungen und Netzwerk steuerbar. Damit kann eine bessere Verfügbarkeit und Skalierbarkeit des Gesamtsystems erreicht werden (vgl. USU AG 2001).

3.3.4. Zwischenergebnisse

Die Einigung über einen standardisierten Kommunikationsmechanismus ist eine wesentliche Voraussetzung für die Interaktion zwischen WfMS. Während im Bereich des Transportmechanismus die TCP/IP Protokollfamilie die einzigst relevante Alternative ist, hängt die Art der Kommunikation auf den höheren Schichten des Referenzmodells wiederum erheblich von der Art der interagierenden Workflows ab. Entscheidend ist in den meisten Fällen das zugrunde liegende Kommunikationsnetz. Bei einer lokalen Interaktion ist eine synchrone Kommunikation, wie auch eine asynchrone Kommunikation denkbar. Im standortübergreifenden Interaktionsprozess geht die Tendenz eher zu einer asynchronen Kommunikationsform, beispielsweise in Form des Nachrichtenaustausches mittels SMTP und MIME. Mit SOAP, als XML-basiertem RPC auf Basis von HTTP, existiert jedoch auch eine Alternative zur synchronen Kommunikation über das Internet. Da heutige WfMS in der Regel die meisten der hier beschriebenen, offenen Protokolle beherrschen, ist bei Nutzung dieser Standards eine Kommunikation zwischen heterogenen WfMS möglich. Aufbauend auf dieser Kommunikationsgrundlage stellt sich die Frage, inwieweit eine standardisierte Interpretation der kommunizierten Inhalte durch WfMS möglich ist.

3.4. Datenaustauschstandards

3.4.1. Einführung - Electronic Data Interchange

Um eine systemübergreifende Interaktion von Workflows zu ermöglichen, ist neben der Definition von Schnittstellen, Transportwegen und Protokollen, also der Kommunikation im engeren Sinne, auch der Datenaustausch, also die semantische Interpretation der kommunizierten Daten, zu standardisieren.

Der automatisierte Datenaustausch zwischen WfMS fällt unter die Kategorie des EDI. „Unter EDI wird der Austausch strukturierter Geschäftsdaten, durch die Verwendung standardisierter Formate, von Applikation zu Applikation, unter Nutzung von öffentlichen oder privaten Netzen verstanden" (ECIN 1999a, Stichwort: EDI). Der folgende Punkt stellt zunächst die „klassische" Form[18] des EDI vor und stellt dieser dann einen XML-basierten Ansatz des Datenaustausches gegenüber.

---

[18] Die Nutzung des Datenaustauschstandards EDIFACT soll in dieser Arbeit als „klassischer" EDI bezeichnet werden.

3.4.2. „Klassischer" EDI

Grundsätzlich lässt sich EDI in zwei Teilprozesse gliedern. Das ist zum einen der Konvertierungsprozess und zum anderen der Kommunikationsprozess (vgl. ECIN 1999b, 1).

Unter dem Kommunikationsprozess wird der synchrone oder auch asynchrone Transport der Daten über Telekommunikationsnetze verstanden (vgl. ECIN 1999b, 1; siehe 3.3.).

Der Konvertierungsprozess übersetzt die auszutauschenden Daten von einem In-house-Format in einen allgemeingültigen, hard- und softwareunabhängigen Standard oder umgekehrt (vgl. ECIN 1999b, 1). Neben diesem aufwendigem Übersetzungs-prozess liegt das Problem des EDI in der Einigung auf einen allgemein anerkannten Standard. Als branchenübergreifender, weltweit gültiger Standard des Datenaustau-sches, wurde das Regelwerk EDIFACT geschaffen. Aufgrund des sehr umfangrei-chen und teilweise sehr komplizierten EDIFACT (vgl. Böing 1999) existieren jedoch zahlreiche weitere nationale oder branchenspezifische Standards, sogenannte Sub-sets, wie beispielsweise ODETTE in der Automobilindustrie (vgl. ECIN 1999b, 2). Durch diese heterogene Landschaft des Datenaustausches sind häufig EDI-Mappings notwendig um die Interoperabilität der jeweiligen EDI-Systeme zu gewähr-leisten.

In der Praxis lässt sich feststellen, dass „klassischer" EDI insbesondere aufgrund der Starrheit des Verfahrens, verschiedener Standards und hoher Betriebskosten[19], bis-her lediglich von großen Unternehmen effizient genutzt wird (vgl. ECIN 2000). Zum anderen hat sich gezeigt, dass „klassischer" EDI aufgrund der festgelegten Syntax und Spezialisierung auf den Dokumententransfer nicht mächtig genug ist, um nicht strukturierte Daten austauschen zu können und deshalb für die Interaktion zwischen WfMS nur beschränkt eingesetzt werden kann (vgl. Wewers 1997, 27).

---

[19] Beispielsweise mussten VAN für die Verteilung und den Transport von EDIFACT-Nachrichten ein-gesetzt werden, die extrem hohe Kommunikationskosten verursachten (vgl. Stickel/Groffmann/Rau 1997, 437 Stichwort: Mehrwertdienst), eine Tendenz zur Nutzung der standardisierten Kommunikati-onsplattform des Internet ist jedoch auch beim „klassischen" EDI sichtbar.

3.4.3. XML & EDI

3.4.3.1. Grundlagen XML

Die zunehmende Verbreitung offener Internet-Standards eröffnet auch EDI neue Möglichkeiten. Eine entscheidende Rolle spielt dabei die auf SGML aufbauende, strukturbeschreibende Sprache XML[20].

Die Grundidee der Meta-Sprache XML ist neben der Nutzung frei definierbarer, semantischer Tags (generic markup), die Zusammenfassung von Dokumenten, die sich in der Struktur ihres Aufbaus gleichen, zu gemeinsamen DTD's (vgl. ECIN 2000, 1). Eine DTD ist die formale Grammatik eines XML-Dokumentes und enthält Informationen darüber, welche Tags erlaubt bzw. erforderlich sind sowie deren Anordnung im Dokument (vgl. ECIN 2000, 1).

Neben der Abkopplung der Strukturbeschreibung vom eigentlichen XML Dokument ist auch das Layout in externen Formatvorlagen, XSL, festlegbar. In XML erfolgt somit eine Dreiteilung zwischen Inhalt, Struktur und Form eines Dokumentes (vgl. ECIN 2000, 1).

Genormte DTD's bilden die Grundlage für einen systemübergreifenden Austausch von XML-Dokumenten.

3.4.3.2. XML-basierter EDI

Durch den Einsatz von XML für den Datenaustausch ist es möglich, sich die Vorteile dieser offenen, flexiblen und erweiterbaren Dokumentenbeschreibungssprache (vgl. Bacmeister 2001, 10) zu Nutze zu machen. Da XML sich plattform- und anwendungsunabhängig darstellen lässt und von vielen Systemen bereits unterstützt wird, können Inkompatibilitäten zwischen heterogenen Systemen überbrückt werden (vgl Bacmeister 2001, 5-10). XML lässt sich jederzeit flexibel erweitern und anpassen und eignet sich auch für den Austausch nicht strukturierter Daten (vgl. Wenger 2000, 57).

Die Funktionsweise des XML-basierten EDI ähnelt der des „klassischen" EDI. Während jedoch beim „klassischen" EDI häufig auf VAN mit hohen Betriebskosten zurückgegriffen werden musste, um standortübergreifenden Datenaustausch zu ermöglichen, kann XML die kostengünstig zugängliche Kommunikationsplattform des Internets nutzen. Dabei sind jedoch den Aspekten der Datensicherheit besondere Bedeu-

---

[20] An dieser Stelle sei explizit betont, dass XML-basierter Datenaustausch auf EDI aufbaut. Im OSI-Schichtenmodell ist EDI auf dem Application Layer anzusiedeln, während XML, als Metasprache zur semantischen Interpretation der Daten, oder EDIFACT auf einer erweiterten achten Schicht einzuordnen sind (vgl. Schulz, 2000). Ein Konkurrenzverhältnis besteht also zwischen EDIFACT und XML

tung beizumessen. Zur eventuell notwendigen Konvertierung von XML in ein Inhouse-Format werden Parser eingesetzt (vgl. Bacmeister 2001, 12).

Das Problem des EDI-basierten Datenaustausches liegt im Vergleich zum „klassischen" EDI in einer fehlenden Normierung der XML-Tags (vgl. ECIN 2000). Um zu vermeiden, dass jeder EDI-Partner eigene, proprietäre Tag-Definitionen verwendet, sollten standardisierte DTD's in allgemein zugänglichen Repositories hinterlegt werden (vgl. ECIN 2000). Nur durch Herbeiführung einer solchen Standardisierung kann es gelingen, den Datenaustausch zwischen heterogenen Systemen zu vereinfachen, und das Problem unterschiedlicher Standards des „klassischen" EDI zu überwinden (vgl. ECIN 2000).

3.4.3.3. Datenaustausch zwischen WfMS auf Basis von XML

Der Datenaustausches auf Basis von XML eignet sich insbesondere für standortübergreifende Interaktionen zwischen WfMS. Dabei hängt die Art der auszutauschenden Daten in erheblichen Maße von den interagierenden Workflows ab. Während bei der Ausführung einfacher Sub-Workflows lediglich die potentiell benötigten Daten bereitgestellt werden müssen, ist bei der gemeinsamen Prozessausführung mehrerer WfMS ein erhöhter Kommunikationsaufwand notwendig (vgl. 2.3.4.2). Durch die flexible Erweiterbarkeit von XML ist es nicht nur möglich strukturierte Daten und Prozessdefinitionen, sondern beispielsweise auch die benötigten Applikationsdaten oder Workflow-Kontrolldaten zwischen den Systemen auszutauschen. Vorrausetzung für vollkommene Interoperabilität bilden jedoch genormte DTD's.

Auch die WfMC hat die Vorteile von XML erkannt und mit der XML-Spezifikation der Schnittstelle vier sowie dem XML-Entwurf zum Austausch von Prozessdefinitionen die Grundlage geschaffen, um eine systemübergreifende Interaktion auf Basis dieser Technologie zu ermöglichen. Die XML-Spezifikation von Interface vier (vgl. WfMC 2001, 6) baut auf einem nachrichtenbasierten Informations- und Datenaustausch zwischen WfMS auf und unterstützt sowohl synchrone als auch asynchrone Kommunikation. Das zugrunde liegende Daten-Transportprotokoll ist HTTP. (vgl. 3.3.2.2.2.3.). Bisher werden jedoch erst drei Modelle der Interaktion - chained, nested und parallel-synchronized unterstützt (vgl. 2.3.4.2).

3.4.4. Zwischenergebnisse

Um zu ermöglichen, dass heterogene WfMS die kommunizierten Daten korrekt interpretieren und weiterverarbeiten können, ist ein einheitlicher Standard des Datenaustausches notwendig. Da sich der allgemeingültige Standard des EDI, EDIFACT, aufgrund der beschränkten, verbindlichen Syntax nur für den reinen Dokumentenaustausch eignet, ist eine Interaktion zwischen WfMS auf dieser Basis nur schwer vorstellbar. Bessere Ansätze bietet XML. Durch XML kann Inkompatibilität überbrückt und der Datenaustausch vereinfacht werden (vgl. Bacmeister 2001, 10). Vorraussetzung dafür ist die Einigung auf genormte Tag-Definitionen.

Erste Ansätze der standardisierten Interaktion auf Basis von XML sind durch den Entwurf der XPDL für Interface eins sowie den XML Standard für Interface vier durch die WfMC geschaffen worden. Diese Standardisierung sollte jedoch kontinuierlich vorangetrieben werden. XML-basierter Datenaustausch in Verbindung mit SOAP (vgl. 3.3.2.2.2.4.) könnten in Zukunft sowohl die Kommunikation als auch die Interpretation der Daten im Rahmen einer Interaktion heterogener WfMS, insbesondere standortübergreifend, erheblich vereinfachen.

4. Fazit

Die Anforderungen einer modernen, globalisierten und häufig verteilten Umwelt an die Ausführung unternehmensweiter, komplexer Workflows bedingen zwangsweise die Interaktion zwischen mehreren, in der Regel heterogenen WfMS. Vorraussetzung dafür ist, dass die Systeme in der Lage sind, miteinander zu kommunizieren sowie die relevante Daten untereinander auszutauschen. Auch die, dem Workflow zugrundeliegende, Prozessdefinition muss den Systemen vorliegen oder zugänglich gemacht werden. Aufgrund der Produktvielfalt im Bereich des WfM ist daher eine Standardisierung der von einer Interaktion betroffenen Schnittstellen sinnvoll. Diese Aufgabe wird fast ausschließlich von der WfMC übernommen. Die WfMC definiert zwar relativ abstrakte Prozeduren, die sowohl den Austausch von Prozessdefinitionen als auch die Interaktion zwischen heterogenen WfMS im Allgemeinen ermöglichen sollen, konkrete Aspekte zur technischen Umsetzung werden jedoch nicht näher spezifiziert. Hier ist den Herstellern weitestgehende Freiheit gelassen. Welche Standards und Technologien sich für eine Interaktion eignen, wurde in dieser Arbeit analysiert.

Als Empfehlung lässt sich festhalten, dass im Bereich einer lokalen Interaktion die Einbettung des WfMS in eine objektorientierte, verteilte Umgebung mit einer standardisierten Kommunikation zwischen allen Komponenten ein vielversprechender Ansatz ist, um Interoperabilität zwischen mehreren Workflow Engines sowie Skalierbarkeit des Gesamtsystems zu erreichen. Eine größere Herausforderung stellt, aufgrund der Beschränkungen des zugrunde liegenden Kommunikationsnetzes, die standortübergreifende Interaktion dar.

Das Hauptaugenmerk liegt dabei auf einer effektiven Kommunikation zwischen den verteilten WfMS. Die Kommunikationsstandards sollten auch im Bereich des WfM auf den etablieren und vor allem akzeptierten Standards des Internets aufbauen, da diese in Regel bereits heute in nahezu jedem Anwendungssystem implementiert werden können. Während im Bereich der Transportprotokolle TCP/IP die einzigst relevante Alternative ist, sind auf der Anwendungsebene der Kommunikation verschiedene Alternativen möglich. Prinzipiell ist eine Entscheidung über eine synchrone oder a-synchrone Kommunikation zu treffen Bei synchroner Kommunikation könnte man sich auf HTTP und dem darauf aufbauenden SOAP, bei asynchroner Kommunikation auf das e-Mail Protokoll SMTP in Verbindung mit MIME stützen.

Problematischer stellt sich der Bereich der systemübergreifenden Interpretation der Daten dar. Während EDIFACT für eine Interaktion zwischen WfMS nicht mächtig genug ist, fehlt der vielversprechenden Metasprache XML noch die notwendige Standardisierung. Der Entwurf der WfMC zum Austausch von Prozessdefinitionen auf dieser Basis ist hier ein erster Schritt in die richtige Richtung.

Eine Interaktion heterogener WfMS ist zur Zeit nur bedingt möglich. Erst wenn auch eine Einigung über die Interpretation der Kommunikationsinhalte zwischen den Systemen existiert, sind diese in der Lage, die an sie gestellten Forderungen zu erfüllen. An diesem Punkt sollten weitere Standardisierungsbemühungen anknüpfen.

Literaturverzeichnis

Bacmeister, Georg Ulrich: „Zwischenbetriebliche Kommunikation mit XML", Bielefeld, 2001, in: http://teuto.net/forum/Zwischenbetriebliche_Kommunikation.pdf, Abfragedatum: 08.04.2002.

Bauer, T. / Dadam, P.: „Architekturen für skalierbare Workflow-Management-Systeme – Klassifikation und Analyse", Ulm, 1998, in: http://www.informatik.uni-ulm.de/dbis/papers/1998/BaDa98.ps, Abfragedatum: 28.03.2002.

Bauer, T. / Dadam, P.: „Variable Serverzuordnungen und komplexe Beabreiterzuordnungen im Workflow-Management-System ADEPT", Ulm, 2000, in: http://www.informatik.uni-ulm.de/dbis/papers/2000/BaDa00a.pdf, Abfragedatum: 28.03.2002.

Bauer, T. / Reichert, M. / Dadam, P.: „Effiziente Übertragung von Prozessinstanzdaten in verteilten Workflow-Management-Systemen", Ulm, 2001, in: http://www.informatik.uni-ulm.de/dbis/papers/2001/BRD01b.pdf, Abfragedatum: 28.03.2002.

Böhm, M. / Schulze, W.: „Grundlagen von Workflow-Managementsystemen", erschienen in: Wissenschaftliche Beiträge zur Informatik, 8 Heft 2, 1995, in: wwwdb.inf.tu-dresden.de/dokumente/ls-dokumente/wfgrundl.pdf, Abfragedatum: 26.03.2002.

Böing, Volker: „ Dokumentenformate im eCommerce (EDI / EDIFACT / XML / RDF) - EDI / EDIFACT (Electronic data interchange (for administration commerce and transport))" Berlin, 1999, in: http://amor.rz.hu-berlin.de/~h0444uqs/ec/edi.html, Abfragedatum 08.04.2002.

Bon, M. / Härder, T., Ritter, N.: „Produktdaten-Verwaltung in heterogenen Workflow-Umgebungen", Kaiserslautern, 2001, in: http://wwwdbis.informatik.uni-kl.de/pubs/papers/BHR01.Int.pdf, Abfragedatum: 08.04.2002.

Buxmann, Peter: „Informationsmanagement", Vorlesungsskript, Freiberg, 2001, in: http://comet.bwl.tu-freiberg.de/wi/courses/im/IM_Skript0102.pdf, Abfragedatum: 05.04.2002.

Danek, Mark: „Workflow Grundlagen II: Architekturen", München, 1996, in: http://www11.informatik.tu-muenchen.de/lehre/seminare/seminarSS96wf/danek.ps, Abfragedatum: 31.03.2002.

Detgen, Oliver: „Intranet/Extranet – Aufbau, Nutzung und Betrieb", Vortrag Netzwerktage 2001, in: http://www.decoit.de/whitepapers/VPN_NWT.pdf, Abfragedatum: 07.04.2002.

Drawehn, Jens: „Einsatz von Workflow-Management-Systemen zur Unterstützung unternehmensübergreifender Kooperationsformen", Diplomarbeit, 1998, Leipzig, in: http://dol.uni-leipzig.de/pub/1998-76, Abfragedatum: 26.03.2002.

DuCharme, Bob: "A simple SOAP client. A general-purpose Java SOAP client.", aus: IBM Developer Works, 2001, in: http://www-106.ibm.com/developerworks/xml/library/x-soapcl/index.html, Abfragedatum 08.04.2002.

ECIN – Electronic Commerce InfoNet: „EDI-Bibliothek", 1999a, in: http://www.ecin.de/edi/bibliothek/, Abfragedatum: 27.03.2002.

ECIN – Electronic Commerce InfoNet: „EDI-Technologie", 1999b, in: http://www.ecin.de/edi/technologie/,Abfragedatum: 27.03.2002.

ECIN – Electronic Commerce InfoNet: „XML - Der Durchbruch für EDI?", 2000, in: http://www.ecin.de/edi/xml/, Abfragedatum: 27.03.2002.

Gillmann, M. / Weissenfels, J. / Weikum, G. / Kraiss, A.: "Performance and Availibility Assessment for the Configuration of Distributed Workflow Management Systems", 2000, in: http://www-dbs.cs.uni-sb.de/~kraiss/ConfigTool-EDBT.ps, Abfragedatum: 28.03.2002.

Haber, Kornelia / Kamp, Vera: „Internettechnologien – Kapitel 4: Verwalten von Inhalten – Middleware", Oldenburg, 2001, in: http://www-is.informatik.uni-oldenburg.de/~haber/lehre/Internettechnologien/Folien/internettechnologien16.pdf, Abfragedatum: 08.04.2002.

Irmscher, K: „Remote Procedure Call – Charakteristik", Leipzig, 2001, in http://www.informatik.uni-leipzig.de/rnvs/lehre, Abfragedatum: 08.04.2002.

Kaya, Atila: "Workflow Interoperability: The WfMC Reference Model and an Implementation", Hamburg, 2001, in: http://www.sts.tu-harburg.de/papers/2001/Kaya01.pdf, Abfragedatum: 26.03.2002.

Kiefer, Roland: „Lokale Netze, LAN und Internetworking", Vorlesungsunterlagen, Stuttgart, 2001, in: http://www2.hdm-stuttgart.de/~sk27/down/6_Faecher_Pruefung/IM1/rn1-ws01-teil1.pdf, Abfragedatum: 06.04.2002.

Leymann, Frank / Roller, Dieter: "Production Workflow – Concepts and Techniques", 2000, Prentice Hall.

Maurer, Gerd: „CORBA-basierte Workflow-Architekturen", 1997, in: wi.uni-giessen.de/gi/dl/showfile/Schwickert/1136/Apap_WI_1997_12.pdf, Abfragedatum 28.03.2002.

Matheja, A. / Lichy, C.: „Grundlagen für den Aufbau verteilt agierender Umweltinformationssysteme", 2000, erschienen in: Mitteilungen des Franzius-Instituts für Wasserbau und Küsteningenieurwesen, Heft 84, in: http://www.fi.uni-hannover.de/~am/fiheft2000/fiheft2000.pdf, Abfragedatum: 06.04.2002.

Microsoft Corporation: „Microsoft® .NET-bezogene Standards", Entwickler Bibliothek, 2002, in: http://www.microsoft.com/GERMANY/ms/msdnbiblio/artikel/collstandards.htm, Abfragedatum 08.04.2002.

Mülle, Jutta: „Aspekte von WfMS und Architekturansätze für WfMS", 2001a, in: http://wwwipd.ira.uka.de/Lockemann/education/workflow/wfms-kap05-ws01-02.pdf, Abfragedatum: 28.03.2002.

Mülle, Jutta: „Aufbau eines Workflow-Systems", 2001b, in: wwwipd.ira.uka.de/Lockemann/education/workflow/wfms-kap06-ws01-02-6auf1.pdf, Abfragedatum: 28.03.2002.

NetworkWorld Germany – Onlinelexikon: Stichwort „Client-Server-Architektur", in: http://www.networkworld.de/onlinelexikon/detail.cfm?datei=/onlinelexikon/2/F007582. HTM, Abfragedatum: 28.03.2002.

NetworkWorld Germany – Onlinelexikon: Funktionen des 7-Schichtenmodells, in: http://www.networkworld.de/onlinelexikon/detail.cfm?datei=/onlinelexikon/0/01007350 .htm, Abfragedatum: 31.03.2002.

NetworkWorld Germany – Onlinelexikon: Stichwort „Gateway", in: http://www.networkworld.de/onlinelexikon/detail.cfm?datei=/onlinelexikon/0/F007330. HTM, Abfragedatum: 26.03.2002.

NetworkWorld Germany – Onlinelexikon: Stichwort „Protokoll", in: http://www.networkworld.de/onlinelexikon/detail.cfm?datei=/onlinelexikon/7/F006557. HTM, Abfragedatum: 31.03.2002.

NetworkWorld Germany – Onlinelexikon: Stichwort „TCP/IP-Protokolle", in: http://www.networkworld.de/onlinelexikon/detail.cfm?datei=/onlinelexikon/1/f007361.h tm, Abfragedatum: 31.03.2002.

Paulus, Horst: „Integrierte Lehrveranstaltung – Komponente Telekommunikation". Vorlesungsskript Teil 1, Darmstadt, 2001, in: http://tk.fbi.fh-darm-stadt.de/SKRIPTE/SKRIPTE.nsf/a413eac0ae80633bc125698a004f687e/e1e5dae50c 50d6f5c1256976004954b3/$FILE/IL_Vorlesung2001_Teil1.pdf, Abfragedatum: 31.03.2002.

Reichert, M. / Bauer, T. / Dadam, P.: „ADEPT – Realisierung flexibler und zuverlässiger unternehmensweiter Workflow-Anwendungen", Ulm, 2000, in: http://www.informatik.uni-ulm.de/dbis/papers/2000/BRD00.pdf, Abfragedatum: 28.03.2002.

Reinwald, Berthold: „Workflow-Management in verteilten Systemen", 2. Auflage, Stuttgart, 1995.

Schulz, Stephan: „EDI, EDIFACT und XML", 2000, in: http://zeus.fh-brandenburg.de/~schulzs/studium/xml/xml_edi.html, Abfragedatum: 27.03.2002.

Stickel, E. / Groffmann H.-D. / Rau, K.-H.: „Gabler Wirtschaftsinformatik-Lexikon", 1997, Wiesbaden.

Storner, Hendrik / Knorr, Konstantin: „AWA – Eine Architektur eines agentenbasierten Workflow-Systems", 2001, in: www.ifi.unizh.ch/~knorr/documents/p_wi2001.pdf, Abfragedatum: 28.03.2002.

USU AG: „Merkmale und Vorteile von MQSeries", 2001, in: http://www.usu.de/Produkte/Anwendungsloesungen/MQSeries/index_3.html, Abfragedatum: 31.03.2002.

Vossen, Gottfried: „Grundlagen des Workflow-Managment" Teil 5: Architekturen und Umgebungen, 2001, Münster, in: http://dbms.uni-muenster.de/teaching/wfm/WfM_SS01_Kapitel5a_29062001.PDF, Abfragedatum: 26.03.2001.

VSIS Arbeitsgruppe Verteilte Systeme und Informationssysteme: „Praktikum Internet-Werkzeuge 2002 – Das Hypertext Transfer Protocol (HTTP)", Hamburg, 2002, in: http://print-www.informatik.uni-hamburg.de/Dokumentation/HTTP.phtml, Abfragedatum 31.03.2002.

Wenger, Andy: „Silent Commerce - Konzeption unternehmensübergreifender Geschäftsmodelle", 2000, Diplomarbeit Technische Universität Ilmenau, in: http://wwwia.tu-ilmenau.de/~schoen/diplomarbeiten/2000-wegner/da-2000-wegner.pdf, Abfragedatum: 06.04.2002.

Wewers, Thorsten: „Zwischenbetrieblich integriertes Workflow-Management – dargestellt am Beispiel von Geschäftsprozessen bei der Sonderabfallentsorgung", Dissertation Friedrich-Alexander-Universität Erlangen-Nürnberg, 1997.

WfMC: "The Workflow Reference Model", Document-Number: WfMC-TC-1003, Document Status-Issue 1.1, Author: David Hollingsworth, 1995, in: http://www.wfmc.org/standards/docs/tc003v11.pdf, Abfragedatum: 26.03.2002.

WfMC: "Interface 1: Process Definition Interchange Process Model", Document-Number: WfMC-TC-1016-P, Document Status: 7.04, 1998, in: http://www.wfmc.org/standards/docs/TC-1016-P_v11_IF1_Process_definition_Interchange.pdf, Abfragedatum: 05.04.2002.

WfMC: "Terminology and Glossary", Document-Number: WfMC-TC-1011, Document Status-Issue 3.0, 1999a, in: http://www.wfmc.org/standards/docs/TC-1011_term_glossary_v3.pdf, Abfragedatum: 26.03.2002.

WfMC: "Workflow Standard – Interoperability Abstract Specification", Document-Number: WfMC-TC-1012, Version 2.0b, 1999b, in: http://www.wfmc.org/standards/docs/TC-1012_Nov_99.pdf, Abfragedatum: 26.03.2002.

WfMC: "Workflow Standard – Interoperability Internet e-mail MIME Binding", Document-Number: Wf;C-TC-1018, Version 1.2, 2000, in: http://www.wfmc.org/standards/docs/tc018v12.pdf, Abfragedatum: 07.04.2002.

WfMC: "Workflow Standard – Interoperability Wf-XML Binding", Document-Number: WfMC-TC-1023, Version 1.1, 2001, in: http://www.wfmc.org/standards/docs/Wf-XML-11.pdf, Abfragedatum: 27.03.2001.

WfMC: "Introduction to the Workflow Management Coalition",2002 , in: http://www.wfmc.org/about.htm, Abfragedatum: 26.03.2002.

Wierzcholski, Piotr: „Workflow Management", Berlin, 1998, in: http://user.cs.tu-berlin.de/~wierzcho/Workflow/Workflow_Management.html, Abfragedatum: 28.03.2002.

XML/EDI Group: "Introducing XML/EDI... "the e-Business framework"", 1997, in: http://www.xmledi-group.org/xmledigroup/startde.htm, Abfragedatum: 27.03.2002.

www.ingramcontent.com/pod-product-compliance
Lightning Source LLC
La Vergne TN
LVHW042303060326
832902LV00009B/1238